A *Kalmus Classic Edition*

D0814895

Jacob

DONT

ETUDES AND CAPRICES

Opus 35

FOR VIOLIN

K 02119

Etüden und Capricen

Jacob Dont, Op. 35.

Prélude.

6

Im sehr gemäßigten

Im bewegten

Zeitmaß.

3.

f sempre

restez

restez

restez à la positition

restez

Allegretto scherzando.

dimin. e poco ritard.

Allegro appassionato.

5.

Allegretto scherzoso.

6.

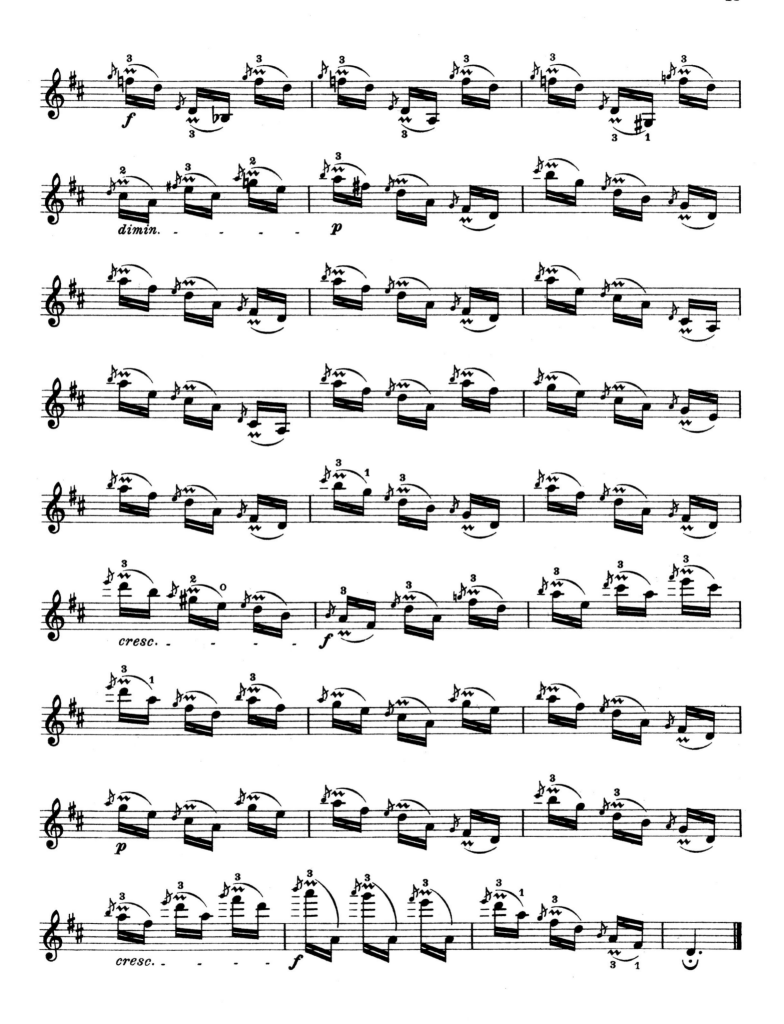

Allegro moderato.

ben legato

7.

V. . . . . . . restez

V. . . . . . . restez

V. . . . VII. . . . .

V. . . . VII. . . . .

Allegro.

10.

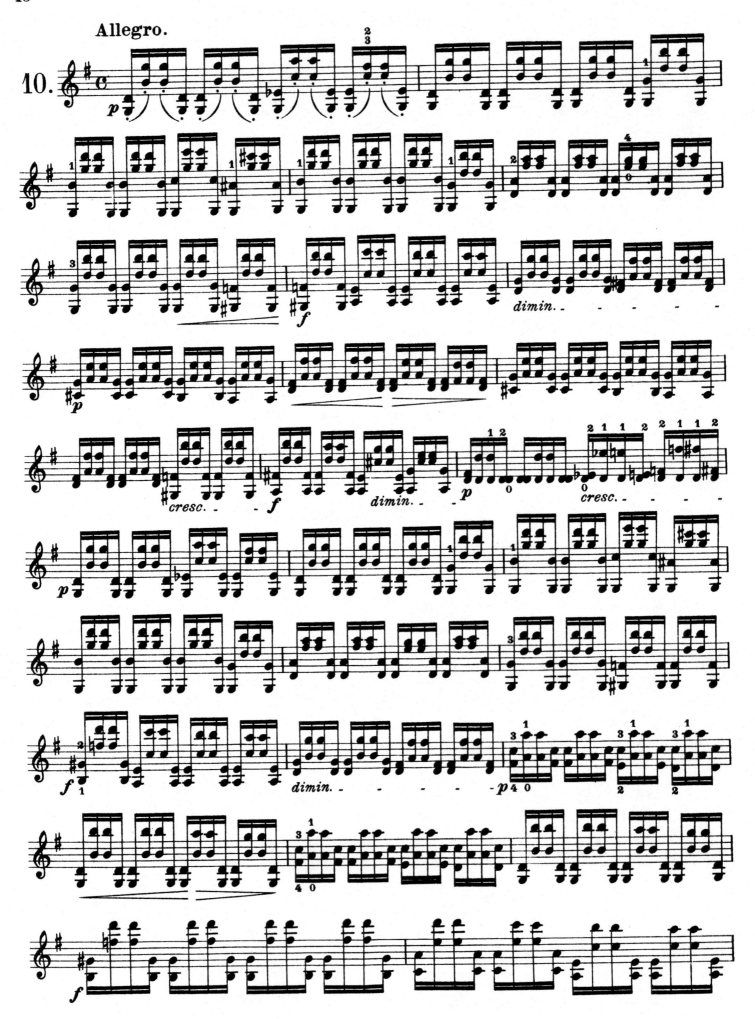

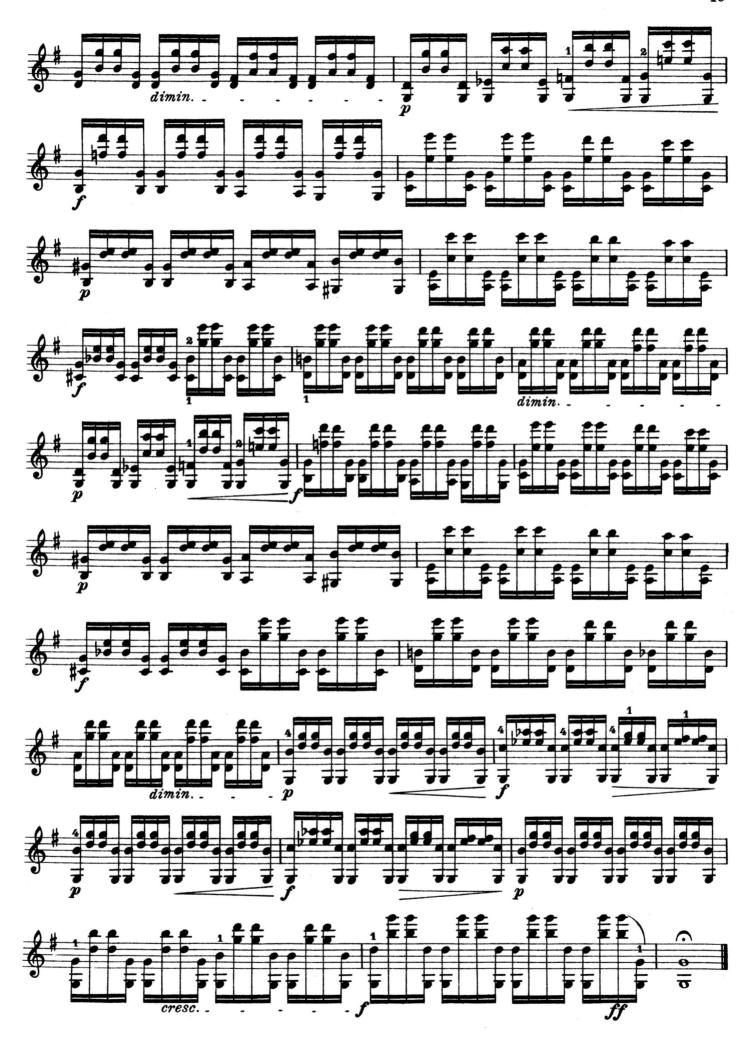

22

Vivace assai.

13.

Allegretto commodo.

14.

Allegro vivo.

15.

Assai vivace.

29

Allegro moderato.

18.

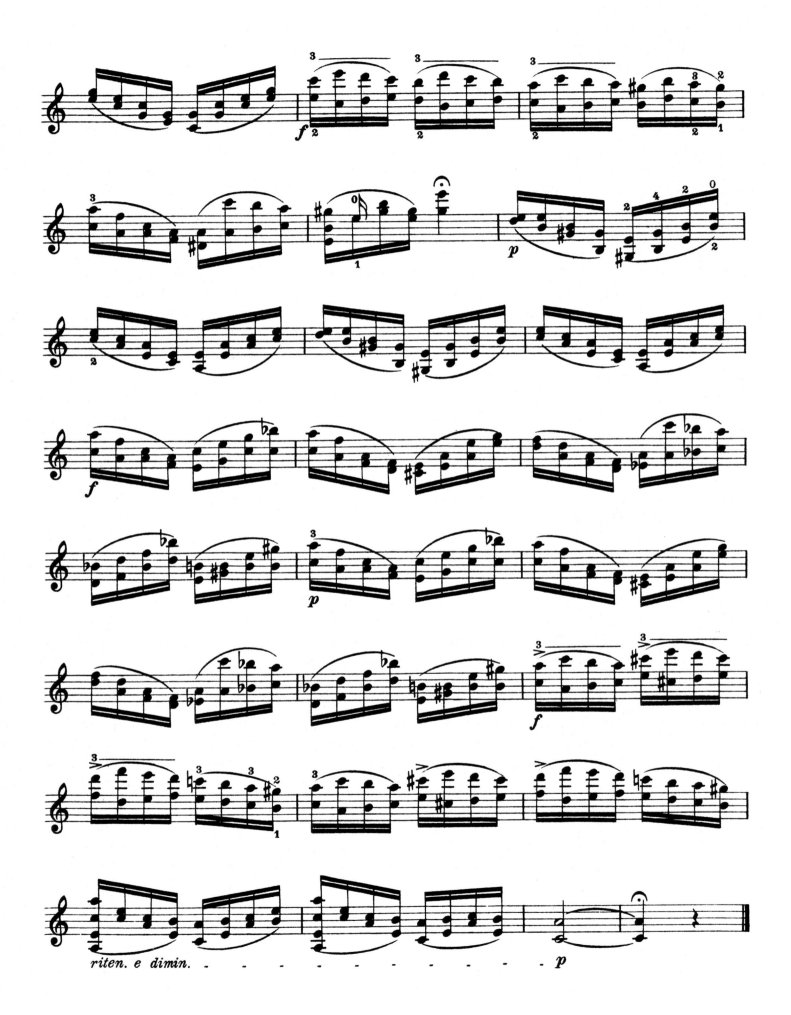

riten. e dimin. - - - - - - - - - - - *p*

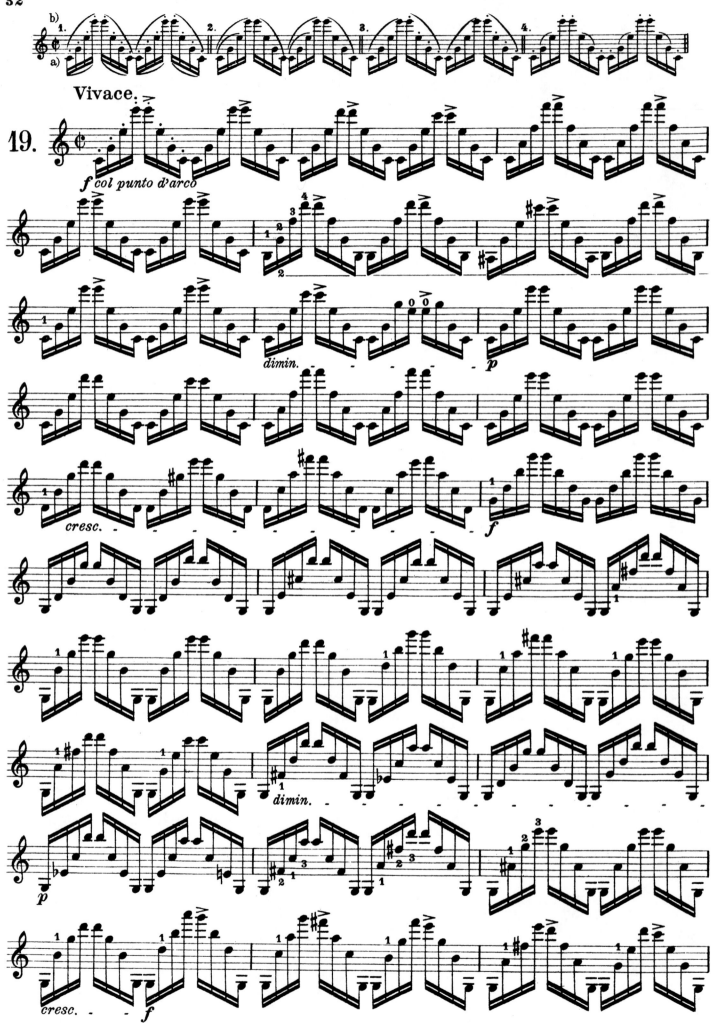

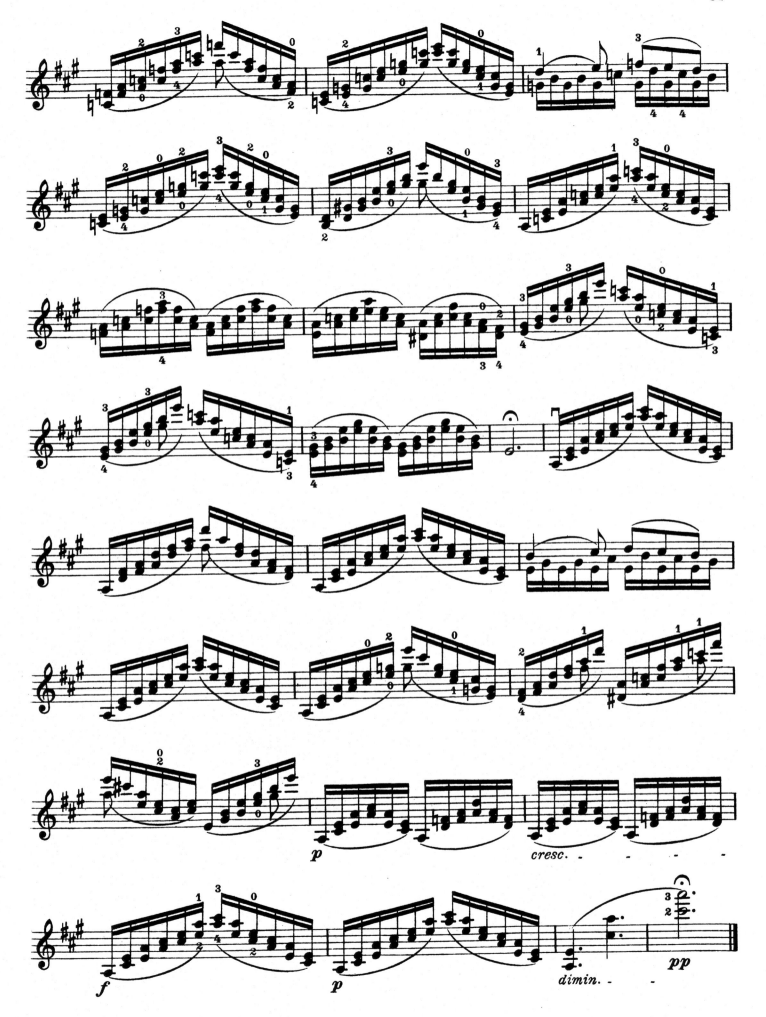

Allegro brillante.

22.

III

Molto appassionato.

23.

Fantasia.
Affettuoso.

24.

DONT

ETUDES AND CAPRICES

Alfred Publishing Co., Inc.
16320 Roscoe Blvd., Suite 100
P.O. Box 10003
Van Nuys, CA 91410-0003
alfred.com

K02119 $8.99 in

W8-BIV-453

ISBN 0-7119-7901-4